Matthias Fiedler

Têgeha Guncandina Emlaqa Nûxwaz: Sîmsarîya Hêsantir a Emlaqê

Guncandina Emlaqê: Bi portala guncandina emlaqa nûxwaz sîmsarîya emlaqêya berhemdar, hêsan û profesyonel

Zanyarîyên Weşangerîyê - Hişyarîya Yasayî

Çapa Yekem / Kanûna February 2017
(Bi zimanê Almanî li Almanyayê, Kanûna Pêşîn 2016)

© 2016 Matthias Fiedler

Matthias Fiedler
Erika-von-Brockdorff-Str. 19
41352 Korschenbroich
Germany
www.matthiasfiedler.net

Çap û produksîyon:
Li çapa li ser rûpela dawîn binihêrin

Dîzayna Bergê: Matthias Fiedler
Danîna E-pirtûk: Matthias Fiedler

Hemû mafên vê berhemê hatîye parastin.

ISBN-13 (Paperback): 978-3-947184-93-4
ISBN-13 (E-Book mobi): 978-3-947184-33-0
ISBN-13 (E-Book epub): 978-3-947184-34-7

Zanyarîyên Bîblîyografîk ên derheqê Deutsche Nationalbibliothek de:
Deutsche Nationalbibliothek vê weşanê di Deutsche Nationalbibliografie de qeyd dike; zanyarîyên zêdetir li ser bîblîyografyayê di malperahttp://dnb.d-nb.de de dikarin werin dîtin.

KURTE

Ev pirtûk konsepteke şoreşger a li ser portala (app) guncandina emlaqa di asta dinyayê de, bi tevî hesibandina potansîyela firotinê ya girîng (Mîlyar Dolarî) ku bi bernameya komputerê ya ajanseke emlaq ve hatîye entegrekirin û nirxandina emlaqê (potansîyela firotinê ya bi qasî Trîlyon Dolarî) nîşan dide.

Ev yek tê wê maneyê ku sîmsarîya emlaqa niştecihî û bazirganî -çi hatibin kirîn çi jî hatibin kirêkirin- dikare bi awayekî çalak û bi lez were kirin. Ev, siberoja sîmsarîya emlaqa nûxwaz û profesyonel e ji bo hemû ajansên emlaqfiroş û xwedî emlaqan. Guncandina emlaq hema bêje li hemû welatan dixebite.

Li dewsa "anîna" mulk ji kiriyar û kirêgir re, bi portaleke guncandina emlaqê, kiriyar û kirêgirên potansîyel dikarin li profîlan binihêrin û milkên ku ji hêla emlaqfiroşan tên pêşkêşkirin biguncînin û bi emlaqfiroş re peywendî daynin.

NAVEROK

DESTPÊK

Di sala 2011'an de ji bo karekî guncandina emlaqa nûxwaz, min ew fikra ku li vir tê nîşandan pêş xistibû.

Ji sala 1998'an vir ve ez bi karê emlaqê re mijûl dibim (sîmsarîya emlaqê; kirîn, firotin, nirxandin, kirêkirin û pêşxistina emlaqê jî tê de). Ez emlaqfiroş (IHK), ekonomîstê emlaqê (ADI) û pisporekî xwedî sertîfîkaya lêkolînên nirxandina emlaqê (DEKRA) me û her wisa endamekî Royal Institution of Chartered Surveyors'ê (MRICS) me ku ev komeleya emlaqê di qada navneteweyî de tê qebûlkirin.

Matthias Fiedler
Korschenbroich, 10.31.2016
www.matthiasfiedler.net

1. Têgeha Guncandina Emlaqa Nûxwaz: Sîmsarîya Hêsantir A Emlaqê

Guncandina Emlaqê: Bi portala guncandina emlaqa nûxwaz sîmsarîya emlaqê ya berhemdar, hêsan û profesyonel

Li dewsa "anîna" mulk ji kiriyar û kirêgir re, bi portaleke guncandina emlaqê, kiriyar û kirêgirên potansîyel dikarin li profîlan binihêrin û milkên ku ji hêla emlaqfiroşan tên pêşkêşkirin biguncînin û bi emlaqfiroş re peywendî daynin.

2. Armancên Kiriyar û Kirêgirên mihtemel û Firoşkarên Milkan

Li gor firoşkarên emlaq û kesên xwedî milk bi lez û bi bihayeke bilind firotin an jî kirêkirina milk girîng e.

Li gor kiriyar û kirêgirên mihtemel peydakirinamilkê rast a ku pêwîstîyên wan bi cih tîne û bi awayekî lez û hêsan kirêkirin an jî kirîna wan milkan girîng e.

3. Awayên Berê Yên Ji Bo Lêgerîna Emlaqê

Bi awayekî giştî kiryar û kirêgirên mihtemel ên emlaqan ji bo lêgerîna milkan a li deverên ku ew dixwazin, portalên online ên fireh ên emlaqan bi kat tînin. Di van portalan de ew dikarin lîsteyeke taybetmendîyan û lînkên peywendîdar bi dest bixin ku piştî danîna profîleke kurt a lêgerînê, taybetmendîyên milkan ji wan re bi rêya emailê tê şandin. Paşê, bi awayekî giştî bi rêya emailê peywendî bi firoşkar re tê danîn. Di dawîyê de, firoşkar an jî xwedîyê milk destûra hevdîtinê ji alîyên peywendîdar werdigirin.

Her wiha, kiriyar û kirêgirên mihtemel peywendî bi ajansên emlaqê yên li deverê re datînin û profîleke lêgerînê ji wan tê amadekirin.

Mirovên ku karê li ser portalên emlaqê dixebitin hem ji şexsan him jî ji sektora bazirganî ya

emlaqan pêk tên. Emlaqkarên bazirganî bêtir
ajansên emlaqê ne û carna jî şîrketên înşeatê,
sîmsarên emlaqê û şîrketên din ên emlaqê dibin
(di vê tekstê de emlaqkarên bazirganî wekî
ajansên emlaqê werin binavkirin).

4.Dezavantaja Firoşkarên Şexsî / Avantaja Ajansên Emlaqfiroş

Di firotina emlaqan de, firoşkar nikarin hertim garantî ji bo firotina rasterast bidin. Wek mînak, eger milkîyet ji kesekî mîrat mabe, dibe ku di navbera mîratgiran de lihevhatin tune be an jî belgenameyên mîratgirîyê kêm bin. Her wiha, mijarên nedîyar ên yasayî yên mîna mafê rûniştinê dikare karê firotinê zehmettir bike.

Ji bo milkên kirêkirinê, dibe ku xwedîyê milk ne xwedî destûra fermî be. Wek mînak, yên ku dixwazin emlaqeke bazirganî wekî xanî, ji bo rûniştinê kirê bikin.

Dema ku emlaqkarek wekî tedarîkkarek tev bigere, bêtir ew xalên ku berê hatin gotin hatibin çareserkirin. Her wiha, hemû belgenameyên ku bi emlaqê re peywendîdar in (plana qat, plana cih, sertîfîkaya enerjîyhe, belgeye tapu û belgeyên fermî hwd.) gelek caran hazir dibin. Wek encam, karê firotin an jî kirêkirinê bi awayekî bi lez û bê pirsgirêk dikare were temamkirin.

5.Guncandina Emlaqê

Ji bo ku kiriyar û kirêgir bi awayekî berhemdar û bi lez firoşkar û xwedî milkan bibînin nêzikahîyeke sîstematîk û profesyonel gelek girîng e.

Li vir bi nêzikatîyeke ku bala xwe dide ser pêvajoya lêgerîn û dîtinê ya navbera ajansên emlaq û alîyên peywendîdar ev kar tê birêveberin. Li dewsa "anîna" mulk ji kiriyar û kirêgir re, bi portaleke guncandina emlaqê, kiriyar û kirêgirên potansîyel dikarin li profîlan binihêrin û milkên ku ji hêla emlaqfiroşan tên pêşkêşkirin biguncînin û bi emlaqfiroş re peywendî daynin.

Di merhaleya pêşîn de, kiriyar û kirêgirên mihtemel profîleke taybet a lêgerînê di portala guncandina emlaqê de çêdikin. Ev profîla lêgerînê ji 20 taybetmendîyan pêk tê. Taybetmendîyên ku li jêrê hatina nivîsandin (lîsteya temam nîn e) dikarin werin danîn û ji bo profîla lêgerînê hewce ne.

-Dever / Koda Postê / Bajar

-Cureyê milk

-Mezinahîya milk

-Qada jîyanê

-Bihaya kirînê/kirê

-Sala avakirinê

-Çîrok

-Hejmara odeyan

-Hatîye kirêkirin (erê/na)

-Jêrzemîn (erê/na)

-Balkon/Teras (erê/na)

-Çawa tê germkirin

-Qada parkkirinê (erê/na)

Li vir ya girîng taybetmendî nayê nivîsandin û li dewsa wê, vebijêrkên heyî tên hilbijartin. Vebijêrkên mihtemel ên peywendîdar di bernameyê de wekî lîste tên danîn û dema ku taybetmendîyek were tikandin (wek mînak cureyê milk) lîsteyeke nû yên wekî cureyê milk: apartman, xanîyê mustaqîl, depo, ofîs hwd. wek vebijêrk tên danîn.

Eger were xwestin, alîyên peywendîdar dikarin profîlên lêgerînê lê zêde bikin. Her wisa guherandina profîla lêgerînê jî mimkin e.

Her wiha, kiriyar û kirêgirên mihtemel zanyarîyên xwe yên peywendîyê li cihên pêwîst dinivîsin. Zanyarîyên peywendîyê ji paşnav, nav, cade, hejmara xanî, koda postê, bajar, hejmara telefonê û adresa e-mailê pêk tê.

Di vê peywendê de, alîyên peywendîdar destûr didin ku bi wan re peywendî were danîn û milkên guncaw ji ajansên emlaqê digirin.

Alîyên peywendîdar bi vî awayî bi operatora portala guncandina emlaqê re peymanekê datîne.

Piştre, profîlên lêgerînê ji hêla ajansên emlaqê yên ku peywendî datînin ve dikarin bi rêya aplîkasyona rûyê navber (api) danîna bernameyê re -Ew rûyê navber dişibe rûyê navber ê bernameya Almanî "openimmo", lêbelê ev rûyê navber di vê gavê de nayê dîtin. Li vir divê em bêjin ku rûyê navber ê bernameyê -kilîla bingehîn a bikaranînê- divê bikare hema bêje ji hemû bernameyên komputerî yên emlaqê re zanyarî veguhezîne. Eger wiha nebe, divê ev yek bi awayekî teknîkî mimkin be. Lewre, rûyê navber ê bernameyên wekî "openimmo" û yên din jixwe hene û hewcedarîya wan bi taybetmendîya şandina profîla lêgerînê heye.

Êdî ajansên emlaqê profîlê bi milkên xwe re ku niha bazarê de ne bidin berhev. Ji bo vê jî, taybetmendî li portala guncandina emlaqê tê barkirin û bi taybetmendîyhen peywendîdar re tê dan ber hev kirina.

Piştî ku dan ber hev kirina diqede raportek tê amadekirin ku di vê raportê de guncandin wekî rêje tê nîşandan. Rêje, di bernameya komputerê ya ajansa emlaqê de piştî ku digihîje %50, tê nîşandan.

Giranîya taybetmendîyên tekane li hember herdu alîyan (sîstema dereceyê) tê danîn da ku piştî dan ber heva taybetmendîyan rêjeya guncandin (îhtîmala guncandinê) were destnîşankirin. Wek mînak, giranîya taybetmendîya "cureyê milk" ji giranîya "qada jîyanê" zêdetir e. Her wiha, hin taybetmendîyên teqez ên ku di milkê de tê xwestin (wek mînak jêrzemîn) dikare were hilbijartin.

Dema ku taybetmendîyên guncan tên dan ber hev kirina divê ajansên emlaqê tenê xwe bigihînin wan beşên ku tên xwestin (cihên ku hatine rezervekirin). Ev, zehmetîya dan ber hev kirinaê kêm dike. Ji ber ku ofîsên emlaqê bêtir di nav deverekê de dixebitin, ev taybetmendî girîng e. Divê were gotin ku bi saya bernameyên cloud (ewr) îro berhevkirin û bikaranîna zanyarîyên gelek zêde mimkin e.

Ji bo garantîkirina sîmsarîya emlaqê, tenê ofîsên emlaqê dikarin profîlên lêgerînê bibînin.

Ji ber vê yekê, ofîsên emlaqê dikarin bi operatorên portaya guncandina emlaqê re peymanê çêkin.

Piştî dan ber hev kirina/guncandina peywendîdar, emlaqfiroş dikare peywendî bi alîyên peywendîdar re dayne û her wisa alîyên peywendîdar jî dikarin bi emlaqfiroş re peywendî daynin. Eger emlaqfiroş raportek şandibe kiriyar an jî kirêgirê mihtemel, ev yek tê wê maneyê ku raport an jî daxwaza ofîsê ji bo komîsyona emlaqê di karê qedîyayê yê firotin an jî kirêgirtinê de tê belgekirin.

Ev yek tenê di wan şert û mercan de dibe ku emlaqfiroş ji hêla xwedîyê milk (firoşkar an jî xwedîyê milk) ve hatiye kirêkirin ji bo bicihanîna milk an jî ji bo ku destûr jê re hatîye dayhin ku milk pêşkêş bike.

6. Çarçoveya Bikaranîn

Guncandina emlaqê ya ku li vir hatiye gotin ji bo firotin û kirêkirina emlaqên nişetcihî û bazirganî ye. Ji bo emlaqên bazirganî taybetmendîyên zêde yê emlaqê tê xwestin.

Mîna ku gelek caran di pratîkê de tê kirin, dibe ku li ba kiriyar û kirêgirên mihtemel jî ofîsên emlaqê hebin. Wek mînak ji hêla muşterîyan ve tên girtin.

Ji hêla deverên cografî ve portala guncandina emlaqê mirov dikare bêje ji hemû welatan dikare were pêkanîn.

7. Avantaj

Ev proseya guncandina emlaqê ji kiriyar û firoşkarên mihtemel re avantajên gelek mezin pêşkêş dike. Ferq nake ka ev kiriyar û firoşkar li cihê ku lê dimînin li milk digerin (cihê rûniştinê) an jî ji ber karên xwe dixwazin bar bikin herin bajar an jî devereke din.

Ew divê carekê profîla xwe ya lêgerînê çêkin da ku agahî li ser guncandina milkan ji wan ofîsên emlaqê yên ku li devera daxwazkirî dixebitin, bigirin.

Ev sîstem ji hêla karîgerî û wext ve di kirîn an jî kirêkirinê de ji ofîsên emlaqê re avantajeke mezin pêk tîne.

Ew her tim li ser zêdebûna potansîyela alîyên peywendîdar ên ku taybetmendîyên milkên xwe vedibêjin, xwedî nêrînek in.

Her wiha, ofîsên emlaqê dikarin bi awayekî rasterast nêzikî koma hedef a peywendîdar bin ku vê komê hin ramanên taybet ên derheqê milkê xwe yê ku "di xeyala wan de ye" di dema çêkirina profîla lêgerînê de dane. Wek mînak, peywendî bi şandina raportên ofîsê dikare were danîn. Ev yek kalîteya peywendîyanavbera herdu alîyên ku dizanin ka çi dixwazin baştir dike. Her wisa hejmara randevuyên ji bo dîtina milkan kêmtir dike û ji ber vê jî pêvajoya bazarîya milkan kêmtir dike.

Piştî ku kiriyar an jî kirêgirê mihtemel milk dibîne, wekî ku di bazara klasîk a emlaqan de peymana kirînê an jî peymana kirêkirinê dikare were danîn.

8. Hesabkirina Mînak (Potansîyel) -tenê xanîyên ku tê de xwedîyên wan rûdinin (ji bilî daîreye û xanî û milkên bazirganî yên kirêkirinê)

Mînaka li jêrê bi awayekî zelal potansîyela portala guncandina emlaqê nîşan dide.

Li navçeyeke 250.000 kesî ya mîna Mönchengladbachê (Almanya) nêzî 125.000 xanî (ji du kesan re xanîyek dikeve) hene. Rêjeya guherandina xanî nêzî %10 e. Ev tê wê maneyê ku salê 12.500 xanî tên guherandin. Ew kesên ku mala xwe bar dikin derveyî Mönchengladbachê li vir nehatiye hesibandin. Nêzî 10.000 kes (%80) li milkên kirêkirinê digerin û nêzî 2.500 kes jî (%20) ji bo kirînê li milkan digerin.

Li gor rapora bazara emlaqê ya ku ji komîteya şêwirmendiyê ya bajarê Mönchengladbachê hatîye girtin, di sala 2012'an de 2.613 xeyrî menqûl hatine firotin. Ev rapor hejmara kiriyarên mihtemelên ku berê hatibû gotin piştrast dike. Ya rastî ev hejmar hîn zêde bûya, lêbelê her karyarê mihtemel nekarîye milkeke îdeal ji xwe re bibîne. Hejmara kiryarên mihtemel -an jî profîlên lêgerînê bi taybetî- tê texmînkirin ku du qat zêdetire ji rêjeya barkirinê ku %10 e, ango hejmara profîlên lêgerînê 25.000 e. Sedema vê dibe ku ji ber wê be ku kiriyarên mihtemel di portala guncandina emlaqê de gelek profîlên lêgerînê çêkiribin.

Her wisa li gor tecrubeyan, nêzî nîvê kiriyar û kirêgirên mihtemel milkê xwe bi rêya ofîsên emlaqê dîtine ku hejmara wan dibe 6.250 mal.

Tecrubeya heyî nîşan dide ku herî kêm %70'ê endamên xanîyan bi rêya portala emlaqê ya li ser înternetê li xanî gerîyane ku hejmara wan jî dibe 8.750 mal (hejmara profîla lêgerînê ya wan jî dibe 17.500).

Eger %30'ê kiriyar û firoşkarên mihtemel, ango 3.750 mal (an jî 7.500 profîlên lêgerînê) li bajarekî wekî Mönchengladbachêbi rêya portaleke (app) guncandina emlaqê profîla lêgerînê çêkirine û ofîsên emlaqê yên peywendîdar karîne milkên musaîd ji kiriyarên mihtemel bi rêya 1.500 profîlên taybet ên lêgerînê (%20) û ji kirêgirên mihtemel re bi rêya 6.000 profîlên taybet ên lêgerînê (%80) pêşkêş kirine.

Ev yek tê wê maneyê ku bi rêjeya lêgerînê ya deh mehan û mehane 50 Euro bihaya her profîleke lêgerînê ya kiriyar û kirêgirên mihtemel ji bo salekê bi 7.500 profîlên lêgerînê 3.750.000 Euro potansîyela firotinê ya bajarekî 250.000 kesî heye.

Eger ev rêje ji bo Almanyaya ku nifûsa wê 80.000.000 (80 mîlyon) e were hesibandin, tê dîtin ku salê potansîyela fironê ya Almanyayê 1.200.000.000 (1,2 mîlyar) Euro ye. Eger li dewsa %30, %40'ê hemû kiriyar û kirêgirên potansîyel ên ku bi rêya portala guncandina emlaqê li emlaqan bigerin potansîyela firotinê salê dibe 1.600.000.000 (1,6 mîlyar) Euro.

Potansîyela firotinê tenê li ser wan daîre û xanîyan e ku tê de xwedîyên wan dimînin. Milkên kirêkirinê û sermayeguzarîyê yên di kerta emlaqa niştecihî de û tevahîya kerta emlaqa bazirganî di vê hesaba potansîyel de cih nagirin.

Li Almanyayê di nav nêzî 50.000 şîrketên ku karê sîmsarîya emlaqan dikin (ofîsên emlaqê, şîrketên înşeatê, emlaqkar û şîrketên din ên emlaqê) de 200.000 kes dixebitin û para %20 a van 50.000 şîrketên ku portala guncandina emlaqê bi 2 lîsansan bi kar tînin û (bihayê her lîsansekê mehane 300 Euro ye) potansîyela firotinê salane dibe 72.000.000 (72 mîlyon) Euro. Her wisa, eger qeyda deverî ya profîlên lêgerînê yên navçeyî were kirin, li gor dîzaynê potansîyela firotinê dikare were zêdekirin.

Bi vê potansîyela mezin a kiriyar û kirêgirên mihtemel ên profîla lêgerînê ya taybet, êdî hewce nake ku ofîsên emlaqê datayên xwe yên li ser alîyhen peywendîdar nû bikin. Li gel vê, hejmara profîlên lêgerînê yên heyî mihtemelen ji hejmara profîlên lêgerînê yên ku ji hêla gelek ofîsên emlaqê ve di sîstema xwe ya datayê de pêktînin, zêdetir e.

Eger ev portala guncandina emlaqê ya nûxwaz di çend welatan de bihata bikaranîn, kiriyarên mihtemel ên ji Almanyayê, wek mînak, wê profîleke lêgerînê ji bo daîreyên betlaneyê li Majorcaya Spanyayê ku giraveke li Deryaya Spî çêbikira û ofîsên emlaqê yên li Majorcayê jî dikarî daîreyên xwe yên guncan bi rêya e-mailê ji muşterîyên xwe yên mihtemel ên Alman re bidana. Eger raport bi zimanê Spanyayî bin, kirêgirên mihtemel niha dikarin bi înternetê bernameya wergerandinê bikar bînin û bi awayekî lez raporê wergerînin zimanê Almanî.

Ji bo bêyê astengîyên zimanî guncandina profîlên lêgerînê bi milkên musaîd, di nav portala guncandina emlaqê de bi matematîzekirina taybetmendîyan ku cihêtîya zimanê ji holê radike miqayeseyeke taybetmendîyên peywendîdar dikare were kirin û encam jî bi zimanê peywendîdar dikare were ragîhandin.

Dema ku portala guncandina emlaqê li hemû kîşweran were bikaranîn, potansîyela firotinê ya ku berê hate gotin (tenê ji bo wan kesên ku dixwazin lê bigerin) wiha tê texmînkirin.

Nifûsa dinyayê:
7.500.000.000 (7,5 Mîlyar) niştecih

1.Nifûsa welatên ku pîşesazî lê pêşketîye û welatên ku pîşesazî lê gelek pêşketîye:
2.000.000.000 (2 mîlyar) niştecih

2.Nifûsa welatên ku pîşesazî lê pêş dikeve:

4.000.000.000 (4 mîlyar) niştecih

3.Nifûsa welatên ku pêşdikevin:

1.500.000.000 (1,5 mîlyar) niştecih

Li gor fakterên heyî yên welatên pîşesazî lê peşketiye û pêşdikeve û welatên ku pêş dikevin ku li jêrê hatine nivîsandin, potansîyela firotinê ya salane ya Almanyayê wekî 1.2 mîlyar Euro ji bo 80 mîlyon niştecih tê texmînkirin.

1. Welatên ku pîşesazî lê pêşketiye: 1,0

2. Welatên ku pîşesazî lê pêşdikeve: 0,4

3. Welatên ku pêşdikevin: 0,1

Encam potansîyela firotinê ya salane ya li jêr e (1,2 mîlyar Euro x nifûs (welatên ku pîşesazî lê pêşketiye, welatên ku pîşesazî lê pêşdikeve û welatên ku pêşdikevin) / 80 mîlyon niştecih x fartor).

1. Welatên ku pîşesazî lê pêşketiye:
                                        30,00 mîlyar Euro

2. Welatên ku pîşesazî lê pêşdikeve:
                                        24,00 mîlyar Euro

3. Welatên ku pêşdikevin:
                                        2,25 mîlyar Euro

Giştî: **56,25 mîlyar Euro**

9. Encam

Portala guncandina emlaqê avantajên girîng ji alîyên peywendîdar ên ku li emlaqê digerin û ofîsên emlaqê re pêşkêş dike.

1. Wexta ku ji bo lêgerîna taybetmendîyên guncan ji bo alîyên peywendîdar gelek kêm dibe. Lewre hewcedarîya wan tenê carekê amadekirina profîleke lêgerîne ye.

2. Emlaqkar li ser hejmara kiriyar û kirêgirên mihtemel û hewcedarîyên wan ên taybet (profîla lêgerînê) zanyarîyeke giştî werdigire.

3. Alîyên peywendîdar ji hemû ofîsên emlaqê (mîna pêşhilbijartina otomatîk)taybetmendîyên daxwazkirî û guncan werdigire.

4. Ofîsên emlaqê ji bo qeydkirina profîlên lêgerînê yên sîstema xwe ya datayê kêmtir dixebitin. Lewre ew dikarin xwe bigihînin gelek profîlên lêgerînê yên heyî.

5. Ji ber ku tenê sazîyên bazirganîû ofîsên emlaqê bi portala guncandina emlaqê re werin girêdan, kiriyar û kirêgirên mihtemel dikarin bi emlaqkarên bitecrube yên emlaqê re bixebitin.

6. Ofîsên emlaqê hejmara randevuyên ji bo dîtina milkan û dema bazara giştî kêmtir dikin. Her wisa ji bo kiriyar û kirêgirên mihtemel hejmara randevuyên ji bo dîtina milkan û dema danîna peymana kirîn û kirêkirinê kêmtir dibin.

7. Xwedîyê milkan ji bo firotin an jî kirêkirina milkên xwe kêmtir wext xerc dikin. Her wiha, ji bilî qazancên malî, ji bo kirêkirina milkan kêmtir wext tê xerckirin û ji bo kirîn an jî kirêkirinê di demeke kin de pere tê dayîn.

Di guncandina emlaqê de bi pêkanîna vê konseptê, di sîmsarîya emlaqê de pêşketineke girîng tê bidestxistin.

10. Entegrekirina Portala Guncandina Emlaqê Di Nav Bernameya Nû Ya Komputerê Ya Ajansa Emlaqê ku Nirxandina Emlaqê Jî Tê De Ye

Wek vegotineke dawîn, portala guncandina emlaqê ku li vir hatîye behskirin jidestpêkê ve dikare bibe şaxeke girîng a çareserîya nû ya bernameya komputerê ya ofîsên emlaqê. Ev yek tê wê maneyê ku emlaqfiroş dikarin portala guncandina ofîsa emlaqê bikar bînin li gel çareserîyên bernameyên komputerê yên ofîsên emlaqê ku li ba wan heye an jî bi awayekî baştir dikarin bernameyeke komputerî ya ofîsa emlaqê ku tê de portala guncandina emlaqê heye bi kar bînin. Bi entegrekirina vê portala gucandina emlaqê ya berhemdar û nûxwazbi bernameyeke nû ya komputerî ya ofîsa emlaqê, ji bo bernameya komputerî ya emlaqê qadeke gelek girîng a firotinê tê afirandin ku ji bo ketina nav bazarê wê hewce be.

Ji ber ku nirxandina emlaqê beşeke sereke ya emlaqkarîyê ye û wê wisa jî bimîne, divê navgîneke nirxandina emlaqê bi bernameya komputerî ya ofîsa emlaqê ve were entegrekirin. Nirxandina emlaqê ya bi rêbazên hesabkirina peywendîdar dikare xwe bigihîne parametreyên datayên peywendîdar ên ku ji ofîsên emlaqê qeyd dikin. Her wiha, emlaqfiroş bi pisporîya xwe ya li ser devera xwe, dikare parametreyên kêm tijî bike.

Ji bilî van, bernameya komputerî ya ofîsa emlaqê divê xwedî vebijêrka entegrekirina gerên dijîtal ên emlaqê yên taybetmendîyê heyî, be. Ev yek bi çêkirina bernameyên telefonên destî an jî tabletên ku dikarin gera dijîtal a emlaqê qeyd bike û paşê - bêtir bi awayekî otomatîk- daxilî bernameya komputerî ya emlaqê bike, bi hêsanî dikare weke pêkanîn.

Egerportala gucandina emlaqê ya berhemdar û nûxwaz bi tevî nirxandina emlaqêbi bernameyeke nû ya komputerî ya ofîsa emlaqê were entegrekirin, potansîyela firotinê ya mihtemel wê gelek zêde be.

Matthias Fiedler

Korschenbroich, 10/31/2016

Matthias Fiedler

Erika-von-Brockdorff-Str. 19

41352 Korschenbroich

Germany

www.matthiasfiedler.net

www.ingramcontent.com/pod-product-compliance
Lightning Source LLC
Chambersburg PA
CBHW071530210326
41597CB00018B/2949